まちごとチャイナ

はじめての遼寧省

Liaoning 001 Liaoning

大連・旅順・瀋陽

Asia City Guide Production

【白地図】遼寧省

CHINA
遼寧省

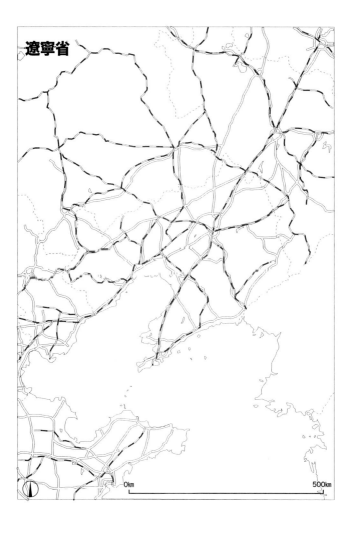

遼寧省 / Liaoning / 白地図

【白地図】大連

CHINA
遼寧省

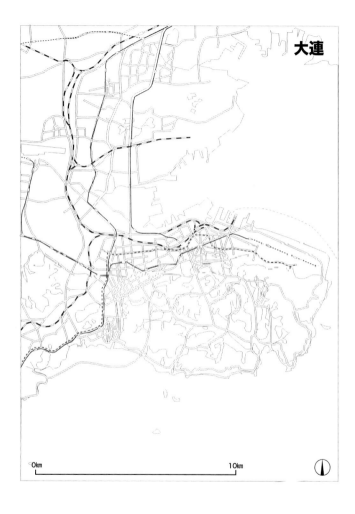

大連

Liaoning

白地図

【白地図】大連中心部

CHINA
遼寧省

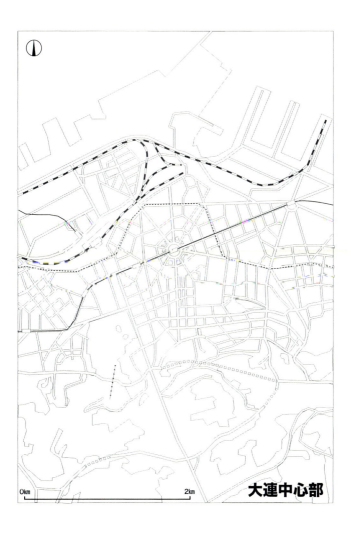

【白地図】魯迅路

CHINA
遼寧省

鲁迅路

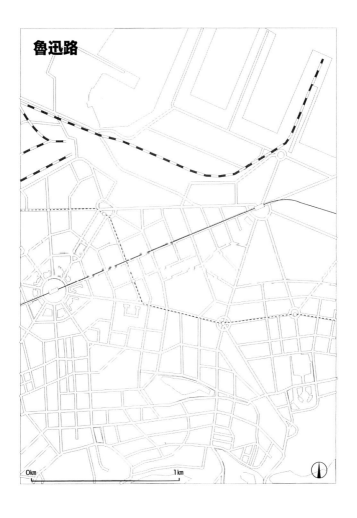

Liaoning 白地図

【白地図】旅順

CHINA
遼寧省

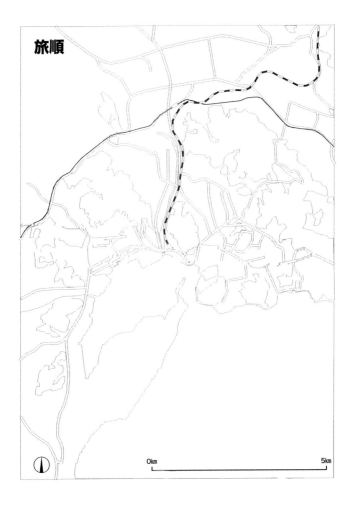

【白地図】遼陽

CHINA
遼寧省

遼陽

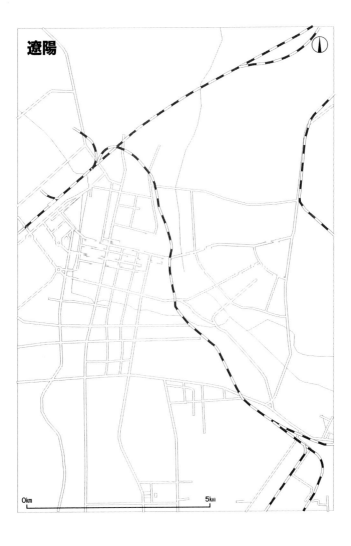

Liaoning

白地図

【白地図】鞍山

CHINA
遼寧省

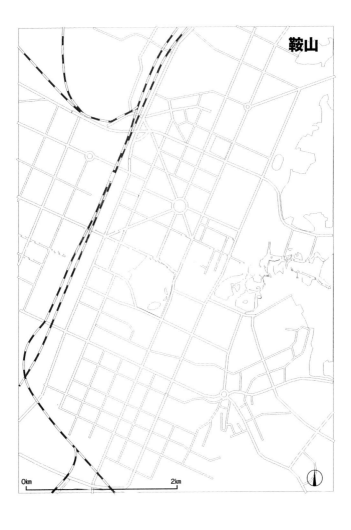

鞍山 Liaoning 白地図

【白地図】瀋陽

CHINA
遼寧省

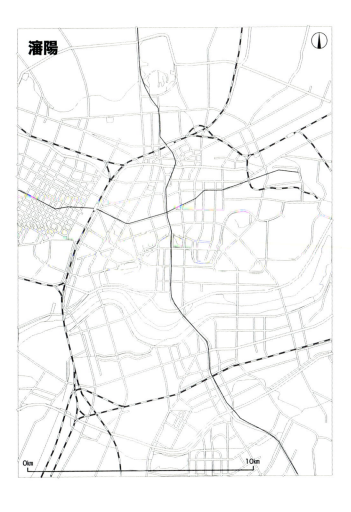

瀋陽 Liaoning 白地図

【白地図】瀋陽中心部

CHINA
遼寧省

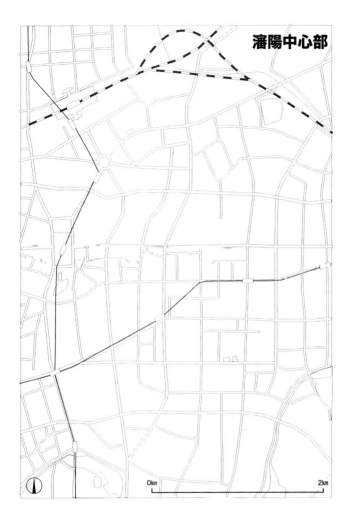

【まちごとチャイナ】

遼寧省 001 はじめての遼寧省
遼寧省 002 はじめての大連
遼寧省 003 大連市街
遼寧省 004 旅順
遼寧省 005 金州新区
遼寧省 006 はじめての瀋陽
遼寧省 007 瀋陽故宮と旧市街
遼寧省 008 瀋陽駅と市街地
遼寧省 009 北陵と瀋陽郊外
遼寧省 010 撫順

CHINA
遼寧省

渤海湾に伸びる遼東半島から南満州へと続いていく遼寧省。遼寧省という名前は、この地を南北に流れる「遼河河畔の安寧」を願って名づけられた（古くから遼河の東西という意味で遼東、遼西という言葉が使われてきた）。

北京と朝鮮半島、ロシア極東地方へ続く地理をもつ遼寧省の地では、漢族、モンゴル族、満州族が入り乱れて暮らしてきた。また華北平原に近いところから、東北三省のなかでもっとも早くから開発が進んできたという歴史もある。

近代に入ると、日清・日露戦争の舞台となり、1906年以降

はじめての遼寧省

辽宁省 liáo níng shěng リャオニンシェン
Liao Ning Sheng

の満鉄、1932〜45年には満州国のもと鉄道や炭鉱などの開発が行なわれた。そうしたところから、日本ととりわけ関係の深い地域として知られ、清朝発祥の地である省都瀋陽、遼東半島先端部の大連、旅順などの都市が位置する。

【まちごとチャイナ】

遼寧省 001 はじめての遼寧省

目次

はじめての遼寧省 ………………………………………… xx

遼河に育まれた豊穣の地 ………………………………… xxvi

大連城市案内 ……………………………………………… xxxiii

旅順城市案内 ……………………………………………… xlv

遼陽城市案内 ……………………………………………… liv

瀋陽城市案内 ……………………………………………… lxv

城市のうつりかわり ……………………………………… lxxxi

【MEMO】

【地図】遼寧省

【地図】遼寧省の [★★★]
- ☐ 大連 大连 dà lián ダァリエン
- ☐ 旅順 旅顺 lǚ shùn リューシュン
- ☐ 瀋陽 沈阳 shěn yáng シェンヤン

【地図】遼寧省の [★☆☆]
- ☐ 遼陽 辽阳 liáo yáng リャオヤン
- ☐ 鞍山 鞍山 ān shān アンシャン

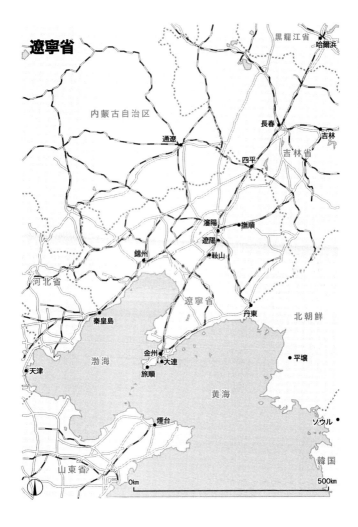

Liaoning　はじめての遼寧省

遼河に育まれた豊穣の地

CHINA
遼寧省

港湾都市大連、また省都瀋陽を中心に
撫順、鉄嶺、鞍山、遼陽、本渓、営口などの都市群
遼寧省は中国を代表する工業地帯となっている

遼寧省の地形

遼寧省の中央を流れる遼河がつくる遼東平野を中心に、東部は森林地帯の遼東丘陵、西部は内蒙古に続く丘陵地帯が広がり、豊かな土壌と鉱産物に恵まれている（中央は平均海抜50m以下の平野となっている）。遼東半島周囲の渤海湾上には5000以上の島が点在し、中国有数の全長700kmの海岸線を抱える。この遼寧省は鴨緑江をはさんで朝鮮半島と、渤海湾をはさんで山東省と、また山海関の先の北京へ通じる地の利をもつ。内蒙古東部から遼寧省、朝鮮北西部まででひとつの文化圏を構成していたという歴史もある。

▲左 日系企業も多く進出する大連の開発区。　▲右　緑の芝生が美しい人民広場、大連には満鉄時代の遺構も残る

遼寧省の都市群

遼寧省は中国のなかでも都市人口の割合の高い都市化が進んだ省として知られる。港湾都市の大連、省都瀋陽を中心に、「煤都（石炭）」撫順、「鋼都」鞍山、「煤鉄之城」本渓などの遼寧中部都市群が瀋陽経済圏をつくっている（瀋陽を中心に150km圏内に工業都市が集中する。遼寧省の市は面積が大きいため、人口が多い）。これら豊富な石炭、鉄鋼、天然ガスなどを擁する重工業地帯は、珠江デルタ、長江デルタ、環渤海湾経済圏に続く経済圏として注目されている。

CHINA
遼寧省

中華と異民族のはざまで

古く中国文明の起こった黄河中流域からは、遼寧省は辺境の地と見られていた。満州族、モンゴル族、漢族や朝鮮族など割拠する地で、遼河が国境の役割を果たすなど各王朝の勢力が衝突する地点となってきた（隋の煬帝は遼河を渡って高句麗の遼陽を落とそうとしたが失敗した）。こうした事情は、稲作などの農耕技術が山東半島から遼東半島へ伝わったということや、満州族による清が遼寧省から北京に王朝を樹立したということからも見てとれる。現在、混血が進んだことから、遼寧省の住民のほとんどが漢民族となっているが、少数民族

▲左　瀋陽屈指の繁華街、中街にて。　▲右　大連市街を走る路面電車

としてモンゴル族、回族、朝鮮族、満州族なども暮らしている。

豊かな農産物

遼河の氾濫でつくられた平野を中心に豊かな穀倉地帯が広がり、気候や土壌がよい遼寧省で収穫された食料は他の地域に輸出されている。トウモロコシ、大豆、小麦、アワ、コーリャンなどが栽培され、また営口や瀋陽近郊では稲作も行なわれている（紀元前6000年ごろには狩猟採集社会だったが、華北から遼西、遼東へと農耕が伝播した）。遼東半島のリンゴや桃、遼西のナシといった果実も遼寧省の名産品となっている。

【地図】大連

【地図】大連の［★★★］
- ☐ 大連 大连 ダァリエン
- ☐ 中山広場 中山广场 チョンシャングァンチャン

【地図】大連の［★☆☆］
- ☐ 大連駅 大连站 ダァリエンチャン
- ☐ 大連港 大连港 ダァリエングァン

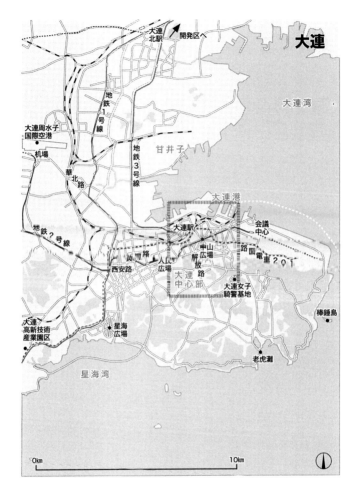

Liaoning

遼河に育まれた豊穣の地

【MEMO】

Guide, Da Lian
大連
城市案内

大連は遼東半島の先端に位置する港湾都市
1905年から45年まで日本統治時代が続いたこの街は
哀愁をこめて「アカシアの大連」と呼ばれる

大連 大连 dà lián ダァリエン ［★★★］

大連は中国東北地方最大の港湾都市で、北海の真珠と呼ばれる美しい街並みをもつ（また春にはアカシアが花を咲かせる）。瀋陽や遼陽といった街が古い歴史をもつのに対して、大連の歴史は海上交易が進んだ近代からはじまった。この地へ進出したロシアが1898年に清朝との条約で植民地化し、1905年の日露戦争後に日本に移譲された。1945年まで大連の経営にあたったのが南満州鉄道株式会社で、満鉄は港を整備し、満州各地からの物資を鉄道で大連駅へと運ぶなど中国を代表する港湾都市へと発展をとげた。中華人民共和国時代

【地図】大連中心部

【地図】大連中心部の［★★★］
- ☐ 大連 大连ダァリエン
- ☐ 中山広場 中山广场チョンシャングァンチャン

【地図】大連中心部の［★★☆］
- ☐ 旧ロシア人街 俄罗斯风情街オォロスフェンチンジエ
- ☐ 大連満鉄旧跡陳列館（旧南満州鉄道株式会社本社本館）大连满铁旧迹陈列馆 ダァーリエンマンティエジュウジイチャンリエガン

【地図】大連中心部の［★☆☆］
- ☐ 大連駅 大连站ダァリエンチャン
- ☐ 旧日本人街 日本风情街リーベンフェンチンジエ
- ☐ 大連港 大连港ダァリエングァン

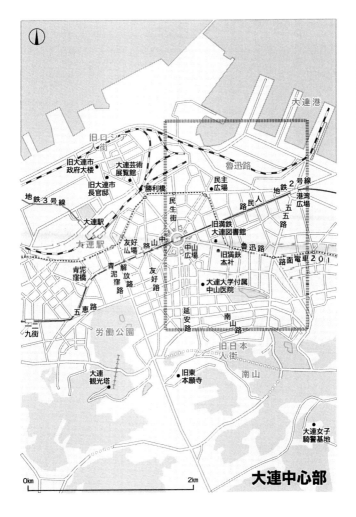

大連城市案内

【地図】魯迅路

【地図】魯迅路の [★★★]
- ☐ 大連 大连ダァリエン
- ☐ 中山広場 中山广场チョンシャングァンチャン

【地図】魯迅路の [★★☆]
- ☐ 大連満鉄旧跡陳列館（旧南満州鉄道株式会社本社本館）
  大连满铁旧迹陈列馆
  ダァーリエンマンティエジュウジイチャンリエガン

【地図】魯迅路の [★☆☆]
- ☐ 旧日本人街 日本风情街リーベンフェンチンジエ
- ☐ 大連港 大连港ダァリエングァン

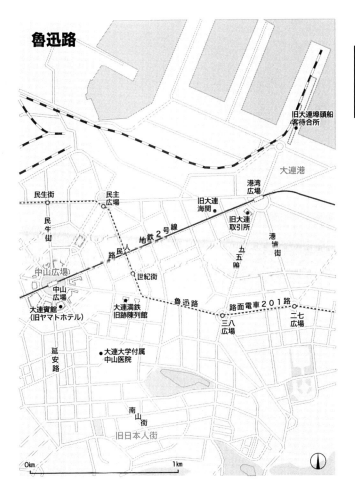

CHINA
遼寧省

に入ってからも東北三省の玄関としての性格は続き、大連湾の対岸に位置する金州新区の開発もいちじるしい。

中山広場 中山广场 zhōng shān guǎng chǎng
チョンシャングァンチャン [★★★]

中山広場は、大連市街の中心に位置する直径210mの円形広場。周囲には満鉄などに資金を貸しつけた外国為替専門の旧横浜正金銀行大連支店、リットン調査団や夏目漱石などが宿泊し、迎賓館の役割を果たしていた旧大連ヤマトホテルはじめ、旧大連市役所、旧東洋拓殖株式会社大連支店など日本統

▲左 ドイツ人技師による大連芸術展覧館、 ▲右 旧横浜正金銀行、ここは日本植民地統治の中心だった

治時代の遺構がずらりとならび、それらは今現在も使用されている。

旧ロシア人街 俄罗斯风情街
é luó sī fēng qíng jiē オォロスフェンチンジエ [★★☆]

日本統治時代にかけられた勝利橋の北東側に広がる旧ロシア人街。ロシア人が暮らしていたことからこの名前で呼ばれ、現在でもロシア風の建築やキリル文字が見られる。ロシアの東清鉄道汽船会社跡の大連芸術展覧館はじめ、旧大連市長官邸、旧大連市政府大楼などは大連黎明期に建てられた。

遼寧省

大連駅 大连站 dà lián zhàn ダァリエンチャン [★☆☆]

満州各地へ伸びる鉄道が走り、乗降客の動線が上下二層に分離された大連駅。1937年の建造で、同時期につくられたことから上野駅と似たたたずまいをもつ。かつて大連駅近くの連鎖街や浪速町と呼ばれた天津街には多くの日本人が暮らしていた(また青泥洼路から大連の開発ははじまった)。

▲左 上野駅にそっくりなった大連駅。日本人による設計　▲右　旧満鉄本社、株式会社が満州を経営した

大連満鉄旧跡陳列館（旧南満州鉄道株式会社本社本館）
大连满铁旧迹陈列馆 dà lián mǎn tiě jiù jì chén liè guǎn
ダァーリエンマンティエジュウジイチャンリエガン［★★☆］

1906年から大連の植民地経営を行なった満鉄の本社がおかれていた大連満鉄旧跡陳列館。日本の国策会社であった満鉄は東インド会社を参考に株式会社の形態をとり、鉄道、港湾、炭鉱開発から教育、社会全般までを担当した。この建物の周囲には図書館や満鉄社宅などがあり、多くの日本人が暮らしていた。

CHINA 遼寧省

旧日本人街 日本风情街
rì běn fēng qíng jiē リーベンフェンチンジエ [★☆☆]

旧満鉄本社の裏手に広がる旧日本人街。大連市街を見渡せるこの丘陵地は満鉄によって開発され、当時の様子を思わせる日本家屋がならんでいる。

▲左　日本風情街として整備された旧日本街。　▲右　早餐とは朝ごはんのこと

大連港 大连港 dà lián gǎng ダァリエングァン ［★☆☆］

中国東北地方随一の港湾機能をもつ大連港。1899年のロシア時代に不凍港であるこの港の開発がはじまり、それは日本時代にも受け継がれた。戦前、日本と大連を結ぶ航路が往来し、大連港が多くの日本人にとって異国への第一歩になった。

【MEMO】

Guide, Lu Shun
旅順城市案内

日露戦争の激戦が交わされた軍港旅順
乃木希典ひきいる日本陸軍は多大な犠牲をしいられながら
難攻不落と恐れられた旅順の要塞を陥落させた

旅順 旅顺 lǚ shùn リューシュン [★★★]

袋の口を閉めたような港をもち、後方に山が連なる旅順は天然の要塞として知られ、古くから渤海湾の要地となっていた。清朝末期の李鴻章の時代に北洋艦隊の拠点となり、1894〜95年の日清戦争で日本が占領。その後、三国干渉で遼東半島を返還させたロシアによって近代要塞へと生まれ変わっていた。1904〜05年の日露戦争では、乃木希典ひきいる日本軍とロシア軍によって激戦が交わされ、あたりには203高地や水師営会見所などが史跡する。

【地図】旅順

【地図】旅順の [★★★]
- ☐ 旅順 旅顺 リューシュン

【地図】旅順の [★★☆]
- ☐ 203高地 203高地 アーリンサンガオディイ
- ☐ 水師営会見所 水师营会见所 シュイシィーインフイジィアンシュオ

【地図】旅順の [★☆☆]
- ☐ 旅順駅 旅顺站 リューシュンチャアン
- ☐ 旅順博物館 旅顺博物馆 リューシュンボォウーグァン
- ☐ 東鶏冠山北堡塁 东鸡冠山北堡垒 ドンジィグァンシャンベイバオレイ

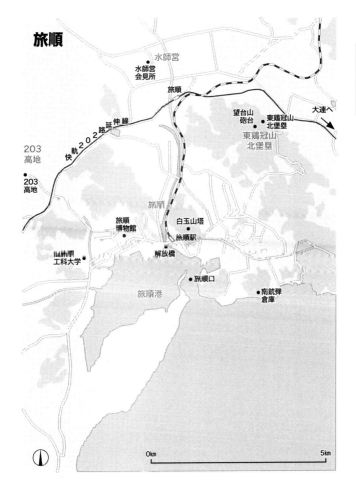

▲左　緑の屋根が印象的な旅順駅。　▲右　旅順博物館の向かいに立つ旧関東軍司令部博物館

旅順駅 旅順站 lǔ shùn zhàn リューシュンチャアン[★☆☆]

丸い緑の屋根をもつ木造の旅順駅。1900年ごろ、ロシアによって建てられ、満鉄時代もひき続き利用されて現在にいたる。

旅順博物館 旅順博物館
lǔ shùn bó wù guǎn リューシュンボォウーグァン[★☆☆]

1917年に日本統治時代に開館した歴史をもつ旅順博物館。トルファンで出土した唐代のミイラや、大谷光瑞のコレクションなど3万点を超える収蔵品を抱える。この博物館の北

【MEMO】

CHINA
遼寧省

側には日本の関東軍が拠点をおいていた旧関東軍司令部博物館が立つ（関東軍は大連や旅順などの関東州と満鉄沿線、付属地の警備にあたり、やがて暴走して1931年の満州事変へとつながっていった）。

203高地 203高地
èr líng sān gāo dì アーリンサンガオディイ ［★★☆］

旅順市街の北西2kmにそびえる203高地。日露戦争時、標高203mのこの高地を占領したことで形勢が日本に有利に展開し、旅順陥落につながった。この戦いで生命を落とした人々

▲左 乃木希典による爾霊山塔、203高地にぐ。 ▲右 旅順陥落後、乃木希典とステッセルがここで会談した。

を鎮魂するために乃木希典が建てた爾霊山塔、ここから旅順港と市街へ砲弾を打ち込んだ28センチ榴弾砲などが残る。

水師営会見所 水师营会见所 shuǐ shī yíng huì jiàn suǒ
シュイシィーインフイジィアンシュオ［★★☆］

日露戦争の旅順攻防戦で降伏したロシア軍の司令官ステッセルと乃木希典のあいだで会見が行なわれた水師営会見所。当時の写真や会見場の様子が展示されている。

遼寧省

東鶏冠山北堡塁 东鸡冠山北堡垒
dōng jī guān shān běi bǎo lěi
ドンジィグァンシャンベイバオレイ [★☆☆]

東鶏冠山北堡塁は、ロシア軍によって築かれたコンクリートと石材で固められた要塞跡。日露戦争時、突撃を繰り返す日本軍はここからの機関銃の餌食になった。シャベルとツルハシで地下坑道を掘った日本軍は、203高地陥落後、この要塞の攻略に成功した。

Guide, Liao Yang
遼陽
城市案内

CHINA
遼寧省

遼陽は遼寧省随一の歴史を誇る街
春秋戦国時代、前漢の時代から
この地方の中心として知られてきた

遼陽 辽阳 liáo yáng リャオヤン [★☆☆]

遼陽は紀元前5世紀の燕代から都がおかれた中国東北地方屈指の古都で、中国王朝にとって異民族が暮らす東北地方の経営拠点となっていた。漢の武帝が遼東郡をここにおき、3世紀の後漢末には公孫氏がここで独立国を開いたという歴史をもつ（卑弥呼の倭がこの公孫氏に朝貢している）。遼陽という地名は渤海を滅ぼした遼が東京遼陽府をおいたことにちなみ、遼金時代にもここに都があったが、1625年に清の太祖ヌルハチが都を瀋陽に遷すと、その地位が瀋陽にとって代わられた。今では新興の工業都市といった性格をもつ。

遼陽城市案内 Liaoning

白塔 白塔 bái tǎ バイタァ ［★☆☆］

金代の 1161 〜 89 年に創建された遼陽のシンボルとも言える白塔。金の世宗が母后のために立てたもので、高さ 71 m、八角 13 層の塔の壁面には坐仏や飛天などの彫像が見える。現在は公園として整備されている。

東京城 东京城 dōng jīng chéng ドンジンチャン ［★☆☆］

東京城は、1619 年、撫順東方のサルフの戦いで明の大軍に勝利したヌルハチが遼東平野に進出し、そこで 1622 年に築いた清朝初期の城塞跡（1625 年、ここから瀋陽に都を遷し

【地図】遼陽

【地図】遼陽の [★☆☆]
- ☐ 遼陽 辽阳 リャオヤン
- ☐ 白塔 白塔 バイタァ
- ☐ 東京城 东京城 ドンジンチャン
- ☐ 東京陵 东京陵 ドンジンリン

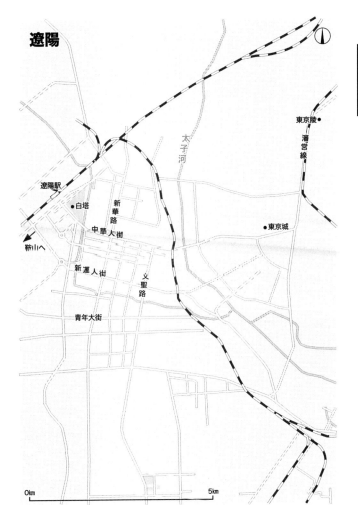

ている)。古都のあった遼陽から太子河をはさんで対岸の地に建造され、周囲を3kmの外壁で囲まれていた。南の点幽門が残り、漢字と満州文字の表記が見られる。

東京陵 东京陵 dōng jīng líng ドンジンリン [★☆☆]
東京陵は東京城に拠点を構えたヌルハチが、その一族を埋葬した陵墓。1624年に建造され、1654年になって祖父と父は永陵に遷されたたため、ヌルハチの弟とその子がまつられている。

遼陽城市案内

鞍山 鞍山 ān shān アンシャン［★☆☆］

遼陽の南に位置する鞍山は、中国を代表する製鉄の街として知られる（1918年、満鉄による鞍山製鉄所がおかれた）。また鞍山からさらに南15kmには湯崗子温泉が位置する。

遼寧省を貫流する遼河

中国東北三省を流れる河川は、渤海湾に注ぐ水系と黒竜江（アムール川）からアラル海に流れる水系があり、南に流れる水系の流域が遼寧省となっている（遼寧省北部の鉄嶺あたりが分水嶺）。そのなかでも19世紀になって鉄道が敷かれるまで、

【地図】鞍山の [★☆☆]

- [ ] 鞍山 鞍山アンシャン

CHINA
遼寧省

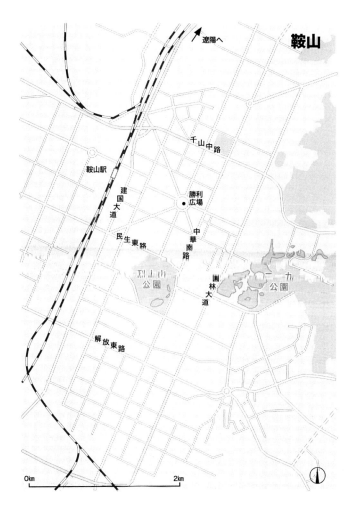

鞍山

遼陽城市案内

CHINA
遼寧省

遼河ではジャンク船が行き交い、木材を南へ、塩を北へ運ぶなど、南満州の大動脈となっていた。こうした事情から遼河沿いに漢族などが進出し、遼河河口の牛荘が東北地方で最初に開港された。遼河による土砂の堆積がいちじるしいことから、明代、牛荘が河口だったが、さらに南の営口が実質的な港となった。

【MEMO】

**Guide,
Shen Yang
瀋陽
城市案内**

遼寧省の省都瀋陽は東北三省最大の都市
また清朝発祥の地でふたつの世界遺産を
抱える古都の顔もあわせもつ

瀋陽 沈阳 shěn yáng シェンヤン ［★★★］

街の中心に故宮、北側と東側に皇帝陵墓を残す瀋陽は、清朝発祥の地として知られる。1625年から1644年に北京に遷都されるまで、太祖ヌルハチ、ホンタイジ、順治帝という3代の皇帝がこの街で過ごした。こうして瀋陽は中国東北地方最大の都市へと成長し、1912年の清朝滅亡後も奉天軍閥の張作霖が瀋陽に拠点をおいて東三省を支配した。この張作霖を援助することで中国における権益拡大をはかったのが明治以降の日本で、1904〜05年の日露戦争で勝利したのち奉天と呼ばれたこの地へ進出した（満州事変は1931年、瀋陽郊外

【地図】瀋陽

【地図】瀋陽の［★★★］
- □ 瀋陽 沈阳シェンヤン
- □ 瀋陽故宮博物院 沈阳故宫博物院 グゥウゴォンボォウゥユウェン

【地図】瀋陽の［★★☆］
- □ 昭陵（北陵）昭陵チャオリン
- □ 九・一八歴史博物館 九一八历史博物馆 ジュウイィバァリィシイボォウグァン

【地図】瀋陽の［★☆☆］
- □ 旧満鉄附属地 满铁附属地旧址 マンティエフウシュウディイジュウチイ
- □ 西塔街 西塔街シイタァジエ

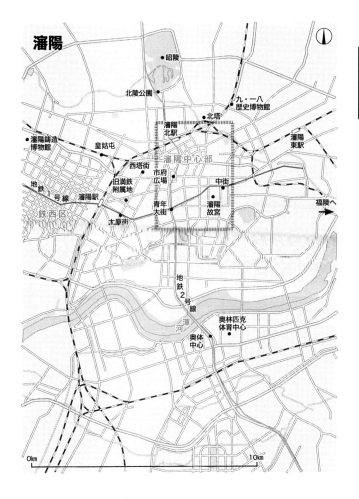

【地図】瀋陽中心部

【地図】瀋陽中心部の [★★★]
- [ ] 瀋陽 沈阳シェンヤン
- [ ] 瀋陽故宮博物院 沈阳故宫博物院 グゥゴォンボォウゥユウェン

【地図】瀋陽中心部の [★★☆]
- [ ] 張氏帥府博物館 张氏帅府博物馆 チャンシィシュァイフゥボォウゥグァン

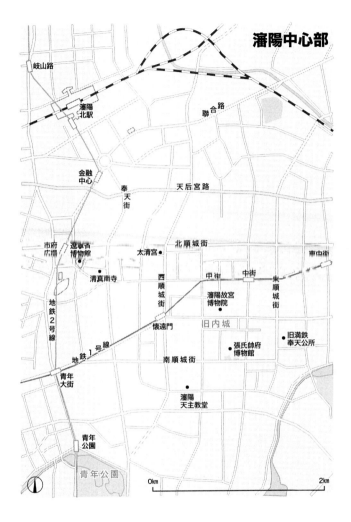

▲左　北京故宮と同じ黄色の瑠璃瓦をもつ瀋陽故宮。　▲右　瀋陽駅前、奉天と呼ばれた瀋陽に多くの日本人が暮らしていた

で勃発している)。こうした事情から、瀋陽の街は故宮を中心とする旧市街、日本の満鉄が開発した瀋陽駅周囲というふたつの軸を中心に郊外へと拡大を続けている。

瀋陽故宮博物院 沈阳故宫博物院
gù gōng bó wù yuàn グゥゴォンボォウゥユゥェン[★★★]

瀋陽故宮は北京遷都以前の清朝の宮廷跡で、満州族、モンゴル族、漢族の文化が融合した様式をもつ。ヌルハチ時代に建設され、満州族のテントや部族様式を残す東路、第2代ホンタイジの時代に建設され、正殿の崇政殿や三層の鳳凰楼が軸

【MEMO】

CHINA
遼寧省

線上に続く中路、また第6代乾隆帝の時代に整備された西路からなる（清朝歴代皇帝は北京遷都後もこの祖先発祥の地へ東巡した）。満州文字と漢字がならぶ扁額、オンドルを擁した清寧宮など、北方の満州族の要素がより強い故宮が見られる。

張氏帥府博物館 张氏帅府博物馆
zhāng shì shuài fǔ bó wù guǎn
チャンシィシュァイフゥボォウゥグァン ［★★☆］

故宮の南側に位置する張氏帥府博物館は、1912年の清朝滅

▲左　堂々としたたたずまいの鳳凰楼。　▲右　張作霖と張学良が暮らした張氏帥府博物館

亡後に瀋陽を中心とする東北三省の実権をにぎった張作霖とその息子張学良の邸宅跡。馬賊を出自とする張作霖は清朝末期の混乱のなかで台頭し、やがて1927年には北京に入城して大元帥を称した（実質的に北中国の最高権力者となった）。この張氏帥府は、中華バロックと呼ばれる西欧風建築の大青楼や伝統的な四合院などからなり、現在は博物館として開館している。当初、張作霖は日本の援助を受けて勢力を広げていたが、やがて反日的な姿勢を示すようになったことから、1928年、瀋陽近くの皇姑屯で日本軍によって爆殺された。

CHINA
遼寧省

旧満鉄附属地 满铁附属地旧址
mǎn tiě fù shǔ dì jiù zhǐ
マンティエフゥウシュウディイジュウチイ ［★☆☆］

ロシアから権益を受け継いだ南満州鉄道の主要駅として建設された瀋陽駅（同時期に建てられた東京駅と外観が似ている）。この瀋陽駅を中心に東側に広がるのが旧満鉄付属地で、戦前、多くの日本人がこの地に暮らしていた。瀋陽屈指の通りとして知られる太原街、旧ヤマトホテルや旧横浜正金銀行など日本統治時代の建築がずらりとならぶ円形の中山広場などが位置する。

瀋陽城市案内

西塔街 西塔街 xī tǎ jiē シイタァジエ ［★☆☆］

旧満鉄附属地の外側（北側）に南北に続く西塔街。ここは中国を代表するコリアタウンで、韓国料理や朝鮮料理を出す店がならぶ。

▲左　完全なかたちを保つと言われる昭陵（北陵）。　▲右　瀋陽故宮のなかに配置された奇石

昭陵（北陵）昭陵 zhāo líng チャオリン［★★☆］

万里の長城の外側に残る関外三陵のなかでもっとも美しいたたずまいをもつ言われる昭陵。満州族による清朝第2代皇帝ホンタイジ（1592～1643年）とその皇后ボアルジジトが眠り、周囲は北陵公園として整備されている（瀋陽北に位置することから北陵）。1651年に完成した建物は軸線上にならび、皇帝のみ許された黄金の瑠璃瓦がふかれている。福陵とともに世界遺産に指定されている。

【MEMO】

瀋陽城市案内 Liaoning

CHINA
遼寧省

九・一八歴史博物館 九一八历史博物馆
jiǔ yī bā lì shǐ bó wù guǎn
ジュウイィバァリィシイボォウゥグァン [★★☆]

1931年9月18日、日本の関東軍によって満鉄線が爆破され、それを中国側のしわざとして軍事行動を開始した満州事変（翌年、日本の傀儡政権満州国が建国された）。中国では満州事変を「九・一八（ジュウ・イィ・バァ）」と呼び、この博物館では当時の記録や展示が見られる。

▲左 ヌルハチが眠る福陵(東陵)の楼門。 ▲右 ここで柳条湖事件が起こった、九・一八歴史博物館

福陵（東陵）福陵 fú líng フゥウリン ［★★☆］

清朝の太祖ヌルハチと皇后イェヘナラが眠る福陵。瀋陽市街から東に11km離れ、天柱山を背後に渾河を前にした最高の風水の地に位置する。満州族をひきいて挙兵したヌルハチは1919年にサルフの戦いで明軍を破り、1625年に瀋陽に遷都した。福陵の扁額では、満州文字が中央に大きく記されているのが注目される（その両脇に小さく漢字とモンゴル文字がならぶ）。

城市の
うつり
かわり

遼寧省を南北に流れる遼河
この地は遼河とともに育まれ
それはやがて南満州鉄道にとって代わられた

民族雑居の地（古代）

遼寧省には古くから人類の痕跡が見られるが、漢族からは東夷と呼ばれたモンゴル系、ツングース系の人々が雑居していた。これらのなかには高句麗や百済を樹立した夫余族もいて、遼寧省、東内蒙古、朝鮮半島北部は同一の文化を有していた。人々は採集をする生活をしていたが、やがて華北や山東半島からこの地に農耕が伝わった。

遼寧省

燕・秦（紀元前5世紀〜）

遼寧省へ漢族が進出するのは春秋戦国時代の燕の時代で、現在の遼陽に拠点をおき、遼寧省北部を東西に走る万里の長城が築かれた。燕は中国の文化をこの地に伝え、やがて秦の始皇帝の勢力下に入ると、遼東郡、遼西郡がおかれ、朝鮮半島への交易の道が開かれた。

▲左 次々に高層建築が建ってゆく。　▲右　街角では屋台が出ていた

Liaoning 城市のうつりかわり

漢・後漢・公孫氏（紀元前2～3世紀）

漢の武帝は遼寧省から吉林省南部にかけ四郡をおき、遼陽がその中心となっていた。漢族による東方経営は大きく前進したが、後漢代になると中原の混乱もあって漢族は後退し、遼陽の太守であった公孫氏が独立して王国を築いた（邪馬台国の卑弥呼はこの公孫氏に朝貢していた）。

遼寧省

五胡十六国・高句麗（4〜6世紀）

漢族の勢力が縮小するなかで、北方では鮮卑族やモンゴル族が台頭し、中国は南北朝時代を迎えた。こうしたなか遼東半島は遼寧省の卒本、また吉林省の集安、平壌へと都を移しながら、勢力を拡大させた高句麗と、前燕、北魏、北斉などの中国北朝が東西に並立する状態となった。この時代、遼河が両者の国境となり、遼寧省における中国北朝の都は朝陽にあり、一方、高句麗側は遼陽や撫順を拠点とした（遼河沿いに高句麗による長城が築かれた）。

隋唐（6〜10世紀）

589年、北朝から出た隋によって南北朝は統一されたが、以前、遼河より東には高句麗が健在だった。隋の煬帝は今の北京から高句麗へと兵を出したが、遼陽を中心とする高句麗を倒すことはできず、繰り返された高句麗遠征の失敗を機に隋はわずか38年でついえた。隋に代わった唐は、新羅との連合軍で遼陽を陥落させ、668年、高句麗は滅亡した。以後、この地には唐の勢力がおよぶようになった（また高句麗移民による渤海が建国された）。

CHINA
遼寧省

遼金元（10〜14世紀）

唐末になると各地方の民族が勃興し、モンゴル族の契丹が中国東北地方から内蒙古にかけて勢力を広げ、渤海も滅ぼされた。この契丹の王朝が遼で、200年のあいだ遼寧省、中国北部を支配したが、やがて1115年に黒龍江省ハルビン近くで起こった満州族の金にとって代わられた（遼金時代、ともに遼陽に首都に準ずる副都がおかれていた）。金はモンゴル高原から起こった元によって1234年滅び、元の支配は新羅に続く高麗（朝鮮半島）にまでおよんだため、朝鮮半島、モンゴル高原、中国を結ぶ遼寧省の重要性が増した。

▲左 漢族とは異なる文化をもった満州族の衣装。 ▲右 皇帝陵墓や故宮など多くの見どころがある瀋陽

明清（14〜20世紀）

1368年、元を北方に追いやって建国された明は、中国東北地方へも勢力を拡大させた。遼寧省には万里の長城（辺墻）が築かれ、漢族と異民族との境界線となった。漢族による異民族統治の拠点がおかれた撫順の東側で勢力を拡大させたのが満州族で、1619年、ヌルハチにひいきられた満州族はサルフの戦いで明軍を破って1625年、瀋陽に都がおかれた（1636年、清朝樹立）。以来、遼陽にあった遼寧省の首府は瀋陽に代わり、清朝が北京に遷都したあとも瀋陽は北京に準ずる陪都となった。1740年、清の第6代乾隆帝によって、

CHINA
遼寧省

満州族発祥の地である東北地方への漢族の移住を禁じられ、遼寧省と中国東北地方は神聖な地としての性格が続いた。

近代（1894～1945年）

清朝末期の遼寧省は日清戦争、日露戦争の舞台となり、旅順、遼陽、瀋陽などが戦場となった。こうした混乱のさなか頭角を現したのが馬賊を出身とする張作霖で、辛亥革命を機に瀋陽に拠点をおき東北三省の実権をにぎった。1905年の日露戦争の勝利で大連、旅順などを獲得した日本は、この張作霖を援助することで中国の権益確保を目指した（遼東半島先

Liaoning｜城市のうつりかわり

端の関東州と満鉄沿線が日本の領土となった)。こうしたなか排日の機運が高まると、日本軍は1928年に張作霖を爆殺、1931年に満州事変を起こして満州国が建国された。多くの日本人が大連や瀋陽に移住したが、1945年の終戦とともにそれらの人々は日本に帰国することになった。

CHINA
遼寧省

現代（1949年〜）

遼寧省は日本の満洲国時代から石炭、鉄などの重工業が発達した地域だったが、その性格は1949年の中華人民共和国成立後も受け継がれた。瀋陽を中心に撫順、鞍山、鉄嶺、本渓といった豊富な地下資源をもつ有する都市が続き、20世紀後半に一時、停滞したものの、現在、遼寧中部都市群が注目を集めている。この省には省都瀋陽のほか、東北三省の港となる大連、日露戦争の激戦地となった旅順、炭鉱都市の撫順など日本と深い関わりをもつ街が点在する。

Liaoning 城市のうつりかわり

【MEMO】

【MEMO】

参考文献

『図説「満洲」都市物語』(西沢泰彦 / 河出書房新社)

『中国の歴史散歩 1』(山口修・五味充子・鈴木啓造 / 山川出版社)

『ヌルハチの都 満洲遺産のなりたちと変遷』(三宅理一 / ランダムハウス講談社)

『奉天と遼陽』(鴛淵一 / 冨山房)

『大連市史』(大連市編 / 大連市)

『全調査東アジア近代の都市と建築』(筑摩書房編 / 大成建設)

『世界大百科事典』(平凡社)

[PDF] 大連地下鉄路線図 http://machigotopub.com/pdf/dalianmetro.pdf

[PDF] 大連空港案内 http://machigotopub.com/pdf/dalianairport.pdf

[PDF] 大連路面鉄道路線図 http://machigotopub.com/pdf/dalianromen.pdf

[PDF] 瀋陽地下鉄路線図 http://machigotopub.com/pdf/shenyangmetro.pdf

[PDF] 瀋陽空港案内 http://machigotopub.com/pdf/shenyangairport.pdf

まちごとパブリッシングの旅行ガイド
Machigoto INDIA , Machigoto ASIA , Machigoto CHINA

【北インド - まちごとインド】

001 はじめての北インド
002 はじめてのデリー
003 オールド・デリー
004 ニュー・デリー
005 南デリー
012 アーグラ
013 ファテープル・シークリー
014 バラナシ
015 サールナート
022 カージュラホ
032 アムリトサル

【西インド - まちごとインド】

001 はじめてのラジャスタン
002 ジャイプル
003 ジョードプル
004 ジャイサルメール
005 ウダイプル
006 アジメール（プシュカル）
007 ビカネール
008 シェカワティ
011 はじめてのマハラシュトラ
012 ムンバイ
013 プネー
014 アウランガバード
015 エローラ
016 アジャンタ
021 はじめてのグジャラート
022 アーメダバード
023 ヴァドダラー（チャンパネール）
024 ブジ（カッチ地方）

【東インド - まちごとインド】

002 コルカタ
012 ブッダガヤ

【南インド - まちごとインド】

001 はじめてのタミルナードゥ
002 チェンナイ
003 カーンチプラム
004 マハーバリプラム
005 タンジャヴール
006 クンバコナムとカーヴェリー・デルタ
007 ティルチラパッリ
008 マドゥライ
009 ラーメシュワラム
010 カニャークマリ
021 はじめてのケーララ
022 ティルヴァナンタプラム
023 バックウォーター（コッラム〜アラップーザ）
024 コーチ（コーチン）
025 トリシュール

【ネパール - まちごとアジア】

001 はじめてのカトマンズ
002 カトマンズ
003 スワヤンブナート

004 パタン
005 バクタプル
006 ポカラ
007 ルンビニ
008 チトワン国立公園

010 アルダビール

【バングラデシュ - まちごとアジア】

001 はじめてのバングラデシュ
002 ダッカ
003 バゲルハット（クルナ）
004 シュンドルボン
005 プティア
006 モハスタン（ボグラ）
007 パハルプール

【北京 - まちごとチャイナ】

001 はじめての北京
002 故宮（天安門広場）
003 胡同と旧皇城
004 天壇と旧崇文区
005 瑠璃廠と旧宣武区
006 王府井と市街東部
007 北京動物園と市街西部
008 頤和園と西山
009 盧溝橋と周口店
010 万里の長城と明十三陵

【パキスタン - まちごとアジア】

002 フンザ
003 ギルギット（KKH）
004 ラホール
005 ハラッパ
006 ムルタン

【天津　まちごとチャイナ】

001 はじめての天津
002 天津市街
003 浜海新区と市街南部
004 薊県と清東陵

【上海 - まちごとチャイナ】

001 はじめての上海
002 浦東新区
003 外灘と南京東路
004 淮海路と市街西部
005 虹口と市街北部
006 上海郊外（龍華・七宝・松江・嘉定）
007 水郷地帯（朱家角・周荘・同里・甪直）

【イラン - まちごとアジア】

001 はじめてのイラン
002 テヘラン
003 イスファハン
004 シーラーズ
005 ペルセポリス
006 パサルガダエ（ナグシェ・ロスタム）
007 ヤズド
008 チョガ・ザンビル（アフヴァーズ）
009 タブリーズ

【河北省 - まちごとチャイナ】

001 はじめての河北省
002 石家荘
003 秦皇島
004 承徳
005 張家口
006 保定
007 邯鄲

【江蘇省 - まちごとチャイナ】

001 はじめての江蘇省
002 はじめての蘇州
003 蘇州旧城
004 蘇州郊外と開発区
005 無錫
006 揚州
007 鎮江
008 はじめての南京
009 南京旧城
010 南京紫金山と下関
011 雨花台と南京郊外・開発区
012 徐州

【浙江省 - まちごとチャイナ】

001 はじめての浙江省
002 はじめての杭州
003 西湖と山林杭州
004 杭州旧城と開発区
005 紹興
006 はじめての寧波
007 寧波旧城
008 寧波郊外と開発区
009 普陀山
010 天台山
011 温州

【福建省 - まちごとチャイナ】

001 はじめての福建省
002 はじめての福州
003 福州旧城
004 福州郊外と開発区
005 武夷山
006 泉州
007 厦門
008 客家土楼

【広東省 - まちごとチャイナ】

001 はじめての広東省
002 はじめての広州
003 広州古城
004 天河と広州郊外
005 深圳(深セン)
006 東莞
007 開平(江門)
008 韶関
009 はじめての潮汕
010 潮州
011 汕頭

【遼寧省 - まちごとチャイナ】

001 はじめての遼寧省
002 はじめての大連
003 大連市街
004 旅順
005 金州新区

006 はじめての瀋陽
007 瀋陽故宮と旧市街
008 瀋陽駅と市街地
009 北陵と瀋陽郊外
010 撫順

【重慶 - まちごとチャイナ】

001 はじめての重慶
002 重慶市街
003 三峡下り（重慶〜宜昌）
004 大足

【香港 - まちごとチャイナ】

001 はじめての香港
002 中環と香港島北岸
003 上環と香港島南岸
004 尖沙咀と九龍市街
005 九龍城と九龍郊外
006 新界
007 ランタオ島と島嶼部

【マカオ - まちごとチャイナ】

001 はじめてのマカオ
002 セナド広場とマカオ中心部
003 媽閣廟とマカオ半島南部
004 東望洋山とマカオ半島北部
005 新口岸とタイパ・コロアン

【Juo-Mujin（電子書籍のみ）】

Juo-Mujin 香港縦横無尽
Juo-Mujin 北京縦横無尽
Juo-Mujin 上海縦横無尽

【自力旅游中国 Tabisuru CHINA】

001 バスに揺られて「自力で長城」
002 バスに揺られて「自力で石家荘」
003 バスに揺られて「自力で承徳」
004 船に揺られて「自力で普陀山」
005 バスに揺られて「自力で天台山」
006 バスに揺られて「自力で秦皇島」
007 バスに揺られて「自力で張家口」
008 バスに揺られて「自力で邯鄲」
009 バスに揺られて「自力で保定」
010 バスに揺られて「自力で清東陵」
011 バスに揺られて「自力で潮州」
012 バスに揺られて「自力で汕頭」
013 バスに揺られて「自力で温州」

【車輪はつばさ】
南インドのアイラヴァテシュワラ寺院には建築本体に車輪がついていて寺院に乗った神さまが人びとの想いを運ぶと言います。

・本書はオンデマンド印刷で作成されています。
・本書の内容に関するご意見、お問い合わせは、発行元の
　まちごとパブリッシング info@machigotopub.com までお願いします。

まちごとチャイナ
遼寧省001はじめての遼寧省
～大連・旅順・瀋陽 [モノクロノートブック版]

2017年11月14日　発行

著　者	「アジア城市（まち）案内」制作委員会
発行者	赤松　耕次
発行所	まちごとパブリッシング株式会社 〒181-0013　東京都三鷹市下連雀4-4-36 URL http://www.machigotopub.com/
発売元	株式会社デジタルパブリッシングサービス 〒162-0812　東京都新宿区西五軒町11-13 清水ビル3F
印刷・製本	株式会社デジタルパブリッシングサービス URL http://www.d-pub.co.jp/

MP154

ISBN978-4-86143-288-0 C0326　　　　Printed in Japan
本書の無断複製複写（コピー）は、著作権法上での例外を除き、禁じられています。